Irmgard Elsner (Text)
Jürgen Schulzki (Fotos)

Spiele
mit dem Pferd

blv

BLV
Freizeit REITEN

Inhalt

Zum Thema

Reiterspiele machen Spaß und fördern die Geschicklichkeit von Pferd und Reiter.

Vom Anfänger bis zum Fortgeschrittenen – für jeden ist etwas dabei.

Praxis-Wissen

Reiterspiele

Wer mit Pferden seine Freizeit verbringen möchte, hat viele Möglichkeiten, das Zusammensein mit ihnen zu gestalten. Die Reiterszene wird immer bunter und interessanter, und statt Drill ist spielerisches Lernen angesagt: Reiterspiele machen nicht nur Spaß und gute Laune, sie fördern auch das Vertrauen von Pferd und Reiter. Selbst verrittene Pferde sind mit Freude bei der Sache, und unsichere Reiter werden selbstbewusster. Anstelle anstrengender Dressurarbeit mit Leistungsdruck und Frust findet das Lernen bei den Reiterspielen sozusagen nebenbei statt. Jeder Reiter profitiert von einem Pferd, das aufmerksam, beweglich und unerschrocken ist. Denn dies sind die Grundvoraussetzungen für entspannte Ausritte ins Gelände und besondere Leistungen auf dem Turnierplatz.

Wir stellen Ihnen in diesem Buch verschiedene Reiterspiele vor, die unterschiedliche Fähigkeiten schulen und den Teamgeist einer Gruppe fördern. Bei manchen Spielen gibt es Gewinner und Verlierer, bei anderen geht es nur ums Spielen an sich. Die meisten Reiterspiele beinhalten spielerische Elemente des Westernreitens, es werden Wettrennen veranstaltet, Geschicklichkeit und Flexibilität im Gelände geschult. Es gibt aber auch ruhige Spiele, bei denen Fantasie gefragt ist und die man auch unabhängig von der Witterung durchführen kann.

Es versteht sich von selbst, dass Spiele nur unter Aufsicht eines erfahrenen Reiters ausgeführt werden können. Die üblichen Sicherheitsregeln gelten hier ganz besonders, und die Teilnehmer an den Spielen – das sind Pferde und Reiter – müssen selbstverständlich die nötigen Voraussetzungen mitbringen, sonst sind Unfälle vorprogrammiert. Lesen Sie dazu auch die Anmerkungen ab Seite 61.

Handschuhrennen – das Spiel mit dem fliegenden Wechsel

Aufsteigen, galoppieren, stoppen, absteigen, Handschuhe überziehen – das Rennen um die Handschuhe ist ein Spiel für alle, die richtig in Schwung kommen wollen. Denn die Aufgaben werden nicht im Schneckentempo absolviert - sondern so schnell wie einen die Füße beziehungsweise Hufe tragen können.

Dieses Spiel erfordert nur wenig Vorbereitung. Ideal ist eine Reitanlage von etwa 40 Metern Länge. Selbst in einer kleinen Halle von 20 mal 40 Metern können bis zu vier Teilnehmer gleichzeitig starten. Die Startseite befindet sich auf einer schmalen Seite der Halle oder des Platzes. Die Startlinie wird mit Sägemehl markiert. Gegenüber der Startseite werden Tonnen aufgestellt - je eine für jeden Teilnehmer. Darauf liegen die Handschuhe, um die es in diesem Spiel hauptsächlich geht. Gut geeignet sind hierfür aus Stoff gefertigte Arbeitshandschuhe. Sie sind so groß, dass sie jedem passen und sogar über die Reithandschuhe gezogen werden können.

Beim Wechseln der Handschuhe zählt jede Sekunde.

Die Spielregeln

Mitspielen können bis zu 20 Personen, die in Teams eingeteilt werden. Es gehen vier Mitspieler gleichzeitig an den Start. Der jeweils erste Mitspieler eines Teams sitzt auf und postiert sich hinter der Startlinie. Ein Schiedsrichter gibt Signal - und los geht's. Die Reiter galoppieren bis zum Ende der Bahn. Hier heißt es stoppen und sich flott aus dem Sattel schwingen.

Die Handschuhe sind so groß, dass sie allen passen.

Jetzt sind die Handschuhe an der Reihe: Blitzschnell werden sie übergestreift. Ist dies geschafft, müssen die Reiter wieder aufsteigen und um die Tonne herumreiten.

Im Galopp geht's zur Ziel- beziehungsweise Startlinie zurück. Hier warten bereits die nächsten Mitspieler der Teams. Ihr Start ist erst frei, wenn sie die Handschuhe ihrer Vorgänger angezogen haben, die diese ihnen vom Pferd aus übergeben müssen.

Nun galoppiert der jeweils zweite Mitspieler zum Wendepunkt, steigt dort ab, zieht die Handschuhe aus und legt sie auf die Tonne. Dann galoppiert er zur Startlinie zurück.

In diesem Rhythmus und Tempo geht das Wechselspiel weiter. Die Gruppe, die den Durchlauf ihrer Mitspieler in der kürzesten Zeit schafft, hat gewonnen.

Erforderliche Fähigkeiten

Neben Schnelligkeit sind bei diesem Spiel noch andere Fähigkeiten von Reiter und Pferd gefragt. So will zum Beispiel richtiges Stehen gelernt sein. Wenn das Pferd beim Aufsteigen ständig hin und her tänzelt, geht dabei kostbare Zeit verloren. Das kann einen Rückfall um mehrere Positionen bedeuten – selbst für diejenigen, die beim Galopp die Nase vorn hatten. Dieses Spiel bringt Schwung in den Reiteralltag: Es werden nicht nur in Windeseile die Handschuhe gewechselt. Ehe man sichs versieht, wechseln auch die Gewinner!

Mützenjagd – reiten wie die Kosaken

Die Winter in Russland sind kalt. Wenn früher der eisige Wind über die Steppe pfiff, zogen sich die Kosaken warme Stiefel, dicke Jacken und Handschuhe an. Und auf keinen Fall durfte eine Papacha fehlen – eine große Pelzmütze. So waren sie vor der beißenden Kälte geschützt – doch rote und erhitzte Wangen bekamen sie nur, wenn sie auf ihren Pferden saßen. Dann ging es nämlich richtig zur Sache. Im wilden Galopp jagten sie hintereinander her. Sie überholten so dicht, dass sie einander die Mütze vom Kopf ziehen konnten. Dazu mussten sie nicht nur einhändig reiten, sondern sich aus dem Sattel herauslehnen: ein kleines akrobatisches Kunststück, doch ihre Reitweise kam ihnen dabei zugute. Sie ritten mit kurzen Steigbügeln; die Schenkel lagen vollkommen frei. Nur die Knie berührten den vorderen Teil des sehr hohen Sattels. Somit balancierten die Reiter frei im Sitz. Ob zum Bogenschießen oder für die Mützenjagd – die Kosaken schafften es mit viel Geschick, sich in den Steigbügeln zu halten. Kein Wunder, dass sie bei jedem Spiel richtig in Fahrt kamen.

Der Galopp bringt Schwung ins Spiel.

Auch wenn es traditionell ein Winterspiel ist – wer es den Kosaken gleichtun möchte, muss für dieses Spiel nicht auf den Schnee warten. Anstelle der warmen Pelzmütze darf es eine Zipfelmütze sein. Das macht das Spiel nicht weniger spannend, aber ein bisschen einfacher. Die Zipfel sind so lang, dass sie bis auf den Rücken fallen. Und ihr Ende ist meist mit einem Bommel versehen – geradezu optimal zum Zugreifen. Weiter

Wer einhändig reitet, hat die besten Chancen auf eine Mütze.

braucht man nicht mehr als einen Reitplatz oder eine Wiese. Die Ränder des Spielfelds sollten deutlich markiert sein; dafür eignet sich Sägemehl.

Die Spielregeln

Die Mützenjagd wird umso spannender, je mehr Mitspieler teilnehmen. Es gibt zwei Gruppen von mindestens drei Teilnehmern. Die Spieler unterscheiden sich durch die Farbe ihrer Mützen. So hat beispielsweise die eine Gruppe rote Zipfelmützen auf, während die andere blaue trägt. Die Mützen werden über die Reitkappen gezogen – denn Sicherheit sollte auch bei Reiterspielen an erster Stelle stehen.

Mit dem Signal beginnt die erste Runde: Fünf Minuten lang versuchen alle Mitspieler, möglichst viele Mützen der gegnerischen Gruppe zu ergattern. Falls es nach zwei Runden immer noch unentschieden steht, gibt es eine Runde Verlängerung.

Da fast die ganze Zeit getrabt oder galoppiert wird, ist das Mützenjagen eine schweißtreibende Angelegenheit. Halten Sie also in jedem Fall Handtücher bereit, damit sich die Spieler abtrocknen können.

Bei der Mützenjagd sind die Mitspieler im Vorteil, die einhändig reiten können. Eingespielte Gruppen schaffen es, ihr reiterliches Können mit Taktik zu kombinieren. Das kann beispielsweise so aussehen: Zwei Spieler drängen einen Reiter aus der anderen Gruppe zur Seite. Derweil hat ein dritter Mitspieler die Gelegenheit, nah genug heranzureiten und die Mütze zu erwischen. Solche Tricks sind nicht nur erlaubt – sie bringen erst den richtigen Pfiff in das Spiel.

Hufeisenwerfen – wie die alten Cowboys

Reiten, Rinder treiben, Zäune kontrollieren: Auch heute noch sitzen Cowboys die meiste Zeit des Tages im Sattel. Doch wenn sie einmal absteigen, begeistern sie sich vor allem für eine Sportart – das Hufeisenwerfen. In den USA, wo dieses Spiel auch herkommt, nennt man es Horseshoe-Pitching. Wörtlich übersetzt heißt es so viel wie »Werfen eines Pferdeschuhs«. Gemeint ist natürlich das Eisen, mit denen Pferdehufe im Allgemeinen beschlagen sind. Diese werden »gepitcht«, das heißt hoch und gezielt geworfen.

Das Hufeisenwerfen ist aber nicht nur für die Cowboys eine unterhaltsame Freizeitbeschäftigung: In den USA kennt fast jeder Horseshoe-Pitching und hat es mindestens einmal gespielt. An den meisten Schulen und Universitäten sind sogar separate Wurfbahnen dafür eingerichtet.

Hauptsächlich durch die Country- und Westernfans wurde das Hufeisenwerfen auch in Deutschland bekannt.

Zwei Punkte gibt's, wenn das Eisen an der Stange stehen bleibt.

Die Spielregeln

Zum Spielen eignet sich ein sandiger Platz, beispielsweise ein Reitplatz. In den Mittelpunkt des Spielfeldes wird ein stabiler Stab eingeschlagen, der etwa 50 Zentimeter aus dem Boden ragen soll. Dieser Stab ist das Wurfziel. Beim Hufeisenwerfen beträgt die Entfernung zwischen Werfer und Stab normalerweise neun Meter. Den Abwurfpunkt markiert man entsprechend im Sand. Wenn Kinder spielen, kann der Abstand natürlich auch verringert werden, je nach Alter und Geschick der Mitspieler. Die Zahl der Mitspieler ist beliebig. Während des Spiels stehen alle Teilnehmer hintereinander und werfen nacheinander jeweils ein Hufeisen. So kann sich niemand verletzen. Wie die Hufeisen geworfen werden, ist jedem freigestellt. Mit einer Hand, flach oder im hohen Bogen – es ist alles erlaubt, was andere nicht gefährdet. Die meisten Spieler fassen das Eisen zum Werfen in der Mitte an. Im Flug dreht sich das Hufeisen um die eigene Achse.

Und so wird bewertet:

Bereits einen Punkt erhält der Spieler, wenn das Hufeisen eine Eisenbreite vom Stab entfernt liegt. Landet das Hufeisen so, dass es am Stab lehnt, nennt man das »Steher«; dafür gibt es zwei Punkte.

Wenn das Eisen den Stab von drei Seiten umringt, werden drei Punkte, die höchste Punktzahl, vergeben. Doch nicht nur Profis schaffen solche Würfe. Auch Anfänger landen prima Treffer. Schließlich nimmt man zum Werfen das Hufeisen – ein Symbol für Glück!

Es gibt keine Vorschriften – jeder darf seinen eigenen Wurfstil entwickeln.

Botschaften verschicken – was sagt die Pferdegöttin?

Früher verehrte man zahlreiche Göttinnen und Götter, die jeweils einen ganz bestimmten »Zuständigkeitsbereich« hatten. Für die Pferde war dies die keltische Pferdegöttin Epona. Vor mehr als 1000 Jahren wurde sie in weiten Teilen des europäischen Kontinents verehrt. Sie galt als Schutzpatronin der Pferde und Reiter. Außerdem hielt sie ihre Hand fürsorglich über die Zucht und sorgte für das Wohlergehen der Pferde. Einen besonders hohen Stellenwert hatte Epona auf den Britischen Inseln. Deshalb widmeten ihr deren Bewohner einen Tag im Jahr, den 18. Dezember. In keinem Pferdestall fehlte ein mit Rosen und Girlanden geschmücktes Bildnis dieser Göttin, jedoch wurde sie auf verschiedene Weise dargestellt: Häufig zeigte man sie reitend oder stehend zwischen mehreren Pferden. Aber manchmal nahm Epona selbst die Gestalt eines Pferdes an, meist einer Stute.

Die Menschen versuchten auf jede Weisung zu hören, die sie von der Pferdegöttin erhielten. Was wollte ihnen Epona mitteilen? Wie schützte sie die Pferde? Mit Sicherheit waren ihre Botschaften nicht laut. Eher leise, als wären sie geflüstert. Wie durch ein langes Rohr.

Ist der Abstand zu groß, ist entsprechende Beweglichkeit angesagt.

Die Spielregeln

Wer wie Epona Botschaften verschicken möchte, muss dafür das Rad der Zeit nicht zurückdrehen. Es genügt, wenn er sich dafür besonders hübsch zurechtmacht. Das Wichtigste ist eine lange Papprolle (etwa 40 cm lang, 8 cm Durchmesser). Sie wird mit weißer Farbe angemalt und dann mit goldenen Linien und Spiralen verziert.

Für die Anzahl der Mitspieler gibt es keine Begrenzung, es darf eine gerade oder ungerade Anzahl, mindestens sollten es jedoch fünf Personen sein. Alle Mitspieler steigen in den Sattel und stellen sich mit ihren Pferden im Kreis auf. Es beginnt die Person, die das golden verzierte Rohr in der Hand hält. Sie übernimmt die Rolle der Epona. Für sie heißt es nun, so dicht wie möglich an einen anderen Mitspieler heranzureiten und durch das Rohr eine Botschaft oder eine Frage in dessen Ohr zu flüstern. Die Botschaft oder Frage sollte sich auf Pferde beziehen und idealerweise deren Wohlbefinden zum Thema haben. Beispiel: »Ein Pferd, das nicht trinkt, ist krank.« oder »Wie lange trägt eine Stute?« Mit der Botschaft wandert auch das Rohr zum nächsten Mitspieler. Dieser flüstert dem Folgenden das ins Ohr, was er von der Botschaft verstanden hat. So machen die Worte der Epona die Runde. Was wird zum Schluss herauskommen? Und wer hat eine Antwort auf eine mögliche Frage. Ein Spiel ohne Gewinner und Verlierer!

Wer wünscht sich hier nicht ein Pferd, das ruhig stehen bleibt?

Erforderliche Fähigkeiten

»Botschaften schicken« ist ein spannendes und dennoch ruhiges Spiel. Von Pferd und Reiter erfordert es allerhand Geschicklichkeit. Es gilt einhändig neben das nächste Pferd zu reiten – und zwar so nah, dass das Rohr bis ans Ohr des Mitspielers reicht. Denn nur so können sie weitergegeben werden – die Botschaften der Pferdegöttin Epona.

Seilreiten – Spaß zu zweit

Wer Reiterspiele bereits kennt, hat bestimmt erlebt, dass es mit vielen Teilnehmern und in Gruppen besonders lustig wird. Gruppenspiele, bei denen paarweise geritten wird, wie beispielsweise beim Seilreiten, machen den meisten Spaß.

Die Spielregeln

Bei diesem Spiel ist Geschicklichkeit Trumpf. Es gilt nebeneinander herzureiten und dabei ein etwa 80 Zentimeter langes Seil zu halten. Ein Reiter hält es in der linken, der andere in der rechten Hand. Span-

Ein Ruck – und das Papier ist entzwei.

nend wird das Spiel dadurch, dass die Paare Hindernisse umrunden müssen. Wird das Seil durch Toilettenpapier ersetzt, erhöht sich die Spannung um ein Vielfaches. Denn ein kleiner Ruck genügt – das Papier zerreißt, und das Paar ist disqualifiziert.

Für das Seilreiten braucht man nicht viel Platz. Es reicht eine Wiese oder auch ein Reitplatz beziehungsweise eine Reithalle von 40 mal 20 Metern Größe. Allerdings lässt eine Breite von 20 Metern höchstens drei gleichzeitig startende Paare zu, während es im Gelände bis zu fünf Paare sein können.

Mit dem Startsignal geht es los. Natürlich muss die Strecke möglichst schnell zurückgelegt werden. Doch Galopp und Trab – das merken die meisten bald – ist nur etwas für wahre Könner. Bereits der Schritt hat seine Tücken. Beide

Reiter müssen sich auf ein und dasselbe Schritt-Tempo einigen. Das Seil ist die äußere Verbindung. Auf keinen Fall sollte es dazu benutzt werden, den anderen hinter sich herzuschleppen. Wenn einer schneller reitet, kommt das Paar deswegen nicht eher ins Ziel. Im Gegenteil – jede Kurve wird auf diese Weise ausgesprochen schwierig.

! Schenkelweichen

Soll das Pferd beispielsweise wieder nach rechts, näher zum Partnerpferd gehen, wird es mit dem Kopf zuerst nach links gestellt. Dann treibt der äußere, in diesem Fall linke Schenkel das Pferd seitwärts. Der Schenkel liegt dafür eine Handbreit hinter dem Gurt. Das Pferd weicht dem Druck aus und tritt zur Seite.

Erforderliche Fähigkeiten

Einfühlungsvermögen und reiterliches Geschick sind nötig, um auf einer Höhe nebeneinander zu reiten und dabei locker das Seil zu halten. Für Reiterpaare, deren Pferde die gleiche Größe haben, ist es etwas einfacher, die einzelnen Aufgaben zu bewältigen.

Wer nicht darin geübt ist, einhändig zu reiten, darf Seil und Zügel zusammen anfassen. Ansonsten ist Seilreiten ein gutes Training, das Pferd nur mit einer Hand zu lenken. Wenn es zur äußeren Seite ausweicht, kann es am besten mit ein paar Schritten Schenkelweichen wieder in die richtige Position gebracht werden.

Seilreiten wird selbst für Geübte eine Herausforderung, wenn Slaloms in das Spiel eingebaut werden. Tonnen oder Hindernisse zu umrunden heißt für das Reiterpaar: Das jeweils äußere Pferd muss etwas flotter gehen, während das innere sozusagen kürzer treten muss. Hier steckt die Tücke im Detail. Wen wundert's, dass nicht immer alles hundertprozentig klappt – und manchmal mehr gelacht als geritten wird.

Mit dem richtigen Abstand ist auch eine Kurve kein Problem.

Pferdegeschichen zu Ende erzählen

Es war schon immer so. Ob bei den Reitern in der Mongolei, bei den Indianer-stämmen oder den Cowboys – wer von Pferden umgeben war, hat etwas erlebt. Unglaubliche Geschichten, bei denen sich schon manch einer gefragt hat: Wie ist das möglich? Und warum ist es nicht ganz anders geschehen? Genau hier setzt dieses Spiel ein, denn bei den nachfolgenden Geschichten ist das Ende offen. Nach Fantasie und Laune dürfen sie so zu Ende erzählt werden, wie es den Teilnehmern am besten gefällt.

Geschichten haben ihre Parallelen im Leben.

Das braune Pferd

Vor vielen Jahren lebte in einem Indianerstamm der Pawnee eine alte Frau mit ihrem Enkel, einem 16-jährigen Jungen. Die beiden hatten keine Verwandten und waren sehr arm. Immer, wenn der Stamm aufbrach und von einem Lagerplatz zu einem anderen zog, blieben die bei-den zurück, um sich in dem verlassenen Lager umzuse-hen und all das aufzusammeln, was die anderen Indianer weggeworfen hatten. So fanden sie manchmal ein Stück von einem Umhang oder ein Paar zerschlissene Mokas-sins. Als eines Tages der Stamm wieder einmal weiterzog, kam ein mageres, verwahrlostes Pferd zu ihnen getrottet. Es war erschöpft, auf einem Auge blind, und die Gelenke seiner Vorderbeine waren geschwollen.

Das Pferd war nutzlos, und keiner der Pawnees hatte ge-funden, dass es der Mühe wert wäre, es mitzunehmen. Als es nun zu der alten Frau und ihrem Enkel gelaufen kam, sagte der Junge: »Komm, wir nehmen das Pferd mit!

Wo die Geschichte
zu Ende ist ...

Vielleicht trägt es unsere Sachen.« Da das Pferd lahmte, kamen sie nur sehr langsam vorwärts. Sie folgten dem Stamm, der bis nach Court House Rock zog. Eines Morgens war das ganze Lager in Aufregung, denn einige Indianer hatten eine große Büffelherde entdeckt. Das Ungewöhnlichste daran war: Unter den Büffeln befand sich ein geflecktes Kalb. Bei den Pawnees gilt eine gefleckte Büffeldecke als zauberkräftiges Heilmittel. Als der oberste Häuptling davon hörte, verkündete er: »Wer es schafft, dieses Kalb zu erlegen, wird meine Tochter zur Frau bekommen.« Jeder der Pawnees wusste, wie schön des Häuptlings Tochter war. Also nahmen alle jungen Männer ihre schnellsten Pferde und machten sie bereit. Unter denen, die sich zur Jagd zusammenfanden, war auch der Junge mit dem mageren, braunen Pferd. Als die anderen ihn sahen, lachten sie ihn aus und sagten: »Seht nur, mit diesem Klepper will er das gefleckte Kalb zur Strecke bringen!« Sie verspotteten den Jungen immer weiter, bis er sich so weit entfernte, dass er ihr Gelächter nicht mehr hören konnte. Auch als alle losritten und dabei einen Freudenschrei ausstießen, blieb der Junge abseits. Mühsam trieb er sein braunes Pferd zum Galopp. Anfangs waren es eher stolpernde Schritte, und er dachte schon, sein Pferd würde fallen. Doch je länger sie galoppierten, desto besser klappte es. Begeistert merkte er, dass sie mit den anderen Indianern auf den schönen Pferden mithalten konnten. Und plötzlich ritt er immer schneller und schneller ...

Aus heiterem Himmel

Ein heißer Tag – und nicht ein einziger Lufthauch regt sich. Sheryl streicht sich die verschwitzten Haare aus der Stirn. »Ausgerechnet heute!«, denkt sie ärgerlich. »Wie oft habe ich mich schon auf den Weg gemacht, um diesen verflixten Zaun zu flicken?« Sie sucht das Werkzeug zusammen und packt es in die Satteltaschen. »Keine Hektik bei dieser Hitze!«, sagt sie sich, als sie in den Sattel steigt, und im Schritt reitet sie über den staubigen Weg. Sheryl zieht sich ihren Westernhut noch ein bisschen tiefer ins Gesicht. Vor ihr in der gleißenden Sonne liegt das weite kalifornische Weideland. Es ist lediglich von ein paar Eisenbahnschienen unterbrochen, die von Daggott nach Nipton führen. Als wenige Minuten später ein Dröhnen den kommenden Zug ankündigt, freut sich Sheryl insgeheim auf einen kleinen Windhauch. Doch stattdessen passiert etwas ganz anderes – ihr Pferd Waskan reißt beide Vorderbeine in die Luft, und der Ruck wirft sie fast aus dem Sattel. Kaum wieder auf allen vieren, prescht er los, als wäre der Teufel hinter ihm her. »Hey!«, ruft Sheryl verzweifelt. Noch nie war ihr Pferd mit ihr durchgegangen. Was sollte sie machen? Auf keine Hilfe reagiert Waskan – und rennt geradewegs auf die Schienen zu. »An der Gleisanlage wird er sich alle Knochen brechen, und ich mir auch!«, schießt es Sheryl durch den Kopf. Ein unerwartetes Geräusch – und fauchend rattert ein Zug fast an ihrer Nase vorbei. Waskan bremst, schlägt einen Bogen und galoppiert wie wild nebenher. Die Passagiere des Zugs springen an die Fenster. Entgeistert schauen sie zu, wie Sheryl sich nur noch mit Mühe im Sattel halten kann. »Ich helfe Ihnen!«, ruft plötzlich ein Mann, reißt die Waggontür auf und ...

... beginnt die Fantasie.

Becherrennen – nicht nur für Durstige

Bei einem Rennen ist Schnelligkeit das Wichtigste. Doch um als Erster ins Ziel zu kommen, braucht man mehr als ein stürmisches Pferd. Reiterliches Können, Geschicklichkeit und Wendigkeit sind dafür nötig. Wer davon eine gute Portion besitzt, hat beim Becherrennen die Nase vorn – auch wenn er nicht unbedingt auf einem Vollblut sitzt.

Die Spielregeln

Geeignet für das Becherrennen ist fast jeder Platz oder jede Halle. Ein Spielfeld von insgesamt 30 bis 40 Metern Länge und fünf bis acht Metern Breite pro Bahn und Gruppe reichen völlig aus. Die Ausstattung des Parcours richtet sich nach der Anzahl der Mitspieler: Pro Bahn werden so viele senkrecht stehende Stangen benötigt wie Reiter in einer Gruppe sind. Bei zwei Gruppen à vier Mitspielern stehen in jeder Bahn vier Stangen. Dafür eignen sich die Springständer, die es für Hindernisse gibt. Sie sind nahezu auf jedem Reiterhof zu finden. Wie nah die Stangen beieinander stehen, ist von der Reit-Erfahrung der Mitspieler abhängig. Geübte Reiter können die Stangen mit einem Abstand von zwei Metern aufstellen. Etwas einfacher ist es, wenn sie zwischen drei und vier Meter voneinander entfernt sind.

Hier ist Millimeterarbeit angesagt.

Und nun zu den Bechern – denn sie dürfen bei einem Becherrennen natürlich nicht fehlen: Sie sollten im Durchmesser entweder ein paar Zentimeter größer oder kleiner sein als der Durchmesser der Stangen. Die größeren Becher werden während des Spiels dann über die Stangen gestülpt. Sind die Becher kleiner im Durchmesser, werden sie auf die Stangen gestellt.

Sobald alle Mitspieler auf ihren Pferden sitzen, kann es losgehen. Mit Ertönen des Signals reiten die jeweils ersten Reiter der Gruppen an das andere Ende der Bahn. Hier stehen auf einem Tisch die Becher. Die Reiter müssen absteigen, einen Becher nehmen, wieder aufsteigen – und weiter geht's. Der Rückweg ist der wichtigste Teil des Rennens, denn die Reiter sollen im Slalom zwischen den Stangen hindurchreiten. Dabei gilt es, den Becher auf einer Stange zu platzieren beziehungsweise darüber zu stülpen. Auf jeder Stange darf nicht mehr als ein Becher sein. Deshalb: Wer zu Anfang reitet, hat die freie Wahl zwischen den verschiedenen Stangen – und somit einen kleinen Vorteil. Gewonnen hat natürlich die Gruppe, deren Schlussreiter zuerst durch die Ziellinie kommt.

Wer es schafft, nah an die Stangen heranzureiten, hat gleich doppelten Nutzen: Es ist dann weder nötig, sich aus dem Sattel zu lehnen, noch muss das Gewicht verlagert werden. So bleibt das Pferd viel besser stehen – und das ist die beste Voraussetzung, um den Becher auf die Stange zu bekommen. Das Becherrennen ist für alle ein spannendes Spiel, in dem es auf jede Sekunde ankommt. Kein Wunder, dass zum Schluss die Becher auch gern mit etwas Erfrischendem gefüllt werden!

Geschicklichkeit und Schnelligkeit lautet das Motto.

Möhrenjagd – das Spiel mit dem leckeren Gewinn

Für Pferde sind Möhren die absoluten Leckerbissen. Deshalb hat man manchmal seine liebe Mühe, mit seinem Pferd an einem mit Möhren gefüllten Korb vorbeizukommen. Denn es wird nichts unversucht lassen, damit es seine Nase dort hineinstecken und ein paar Möhren stibitzen kann. Wer ist nun so geschickt, sein Pferd davon abzuhalten? Um die Sache noch schwieriger zu machen, muss man dabei auf dem Pferd sitzen und selbst nach einer Möhre angeln. Das ergatterte Exemplar wird dann in einen Sack gesteckt. Die kleine Sacköffnung stellt nicht nur höhere Anforderungen an die erforderliche Geschicklichkeit, sondern steigert auch den Spaß an der Sache. Die Möhrenjagd ist ein witziges Spiel für Reiter, die bereits etwas fortgeschrittener sind.

Erst nach dem Spiel ist naschen erlaubt.

Die Vorbereitungen

Für das Möhrenspiel braucht man einen großen Platz – entweder eine ebene Wiese oder einen Reitplatz. Eine Stange markiert die Startlinie. Etwa zehn Meter weiter steht für jede teilnehmende Gruppe eine Tonne. Darauf wird jeweils ein mit Möhren gefüllter Korb gestellt. Fünfzehn Meter entfernt befindet sich ein Ständer, an dem ein Sack befestigt ist. Denken Sie beim Aufhängen daran, dass das Spiel umso leichter wird, je höher der Sack hängt.

Die Spielregeln

Wenn alle Vorbereitungen getroffen sind, können sich die Gruppen aufteilen und zum Start begeben. Mit dem Signal geht's los. Die jeweils Ersten reiten so schnell sie können zu ihrer Tonne mit dem Möhrenkorb. Doch aufgepasst! Nur der Reiter darf eine Möhre mitnehmen. Hat unerlaubterweise das Pferd eine Möhre zwischen den Zähnen, muss das Paar ausscheiden. Am besten klappt die Möhrenaktion ohne Hektik. Ruhig, aber bestimmt sollten die Zeichen zum Stehenbleiben sein. Mit einem akustischen Signal, wie beispielsweise »Steh!«, kann dies unterstützt werden.

Mit der Möhre in der Hand geht es schnurstracks weiter. Das Werfen der Möhre in einen Sack – die nächste Aufgabe bei der Möhrenjagd – erfordert sogar noch etwas mehr Geschick als das Aufnehmen. Denn hier muss der Reiter sich nicht nur vom Pferd hinab nach unten beugen, sondern auch gezielt die Öffnung treffen. Ein kleiner Tipp: Das gelingt leichter, wenn das Gewicht gleichmäßig im Sattel bleibt. Pferde bewegen sich entsprechend der Gewichtsverlagerung. Das liegt an ihrem instinktiven Bemühen, das Gleichgewicht wieder herzustellen.

Sobald die Möhre im Sack verschwunden ist, geht's direkt zur Ziel- beziehungsweise Startlinie zurück. Und schon kann der nächste Mitspieler losreiten und sein Geschick mit den Möhren probieren.

Die Gruppe, die zuerst mit allen Reitern wieder im Ziel angelangt ist, hat gewonnen. Den Gewinn – wie könnte es anders sein – bekommen die Pferde. Sobald sie kein Gebiss mehr zwischen den Zähnen haben, gibt es für sie die leckeren Möhren. Eine prima Belohnung, die im Futtertrog auf sie wartet.

Die Öffnung ist gerade groß genug für die Möhre.

**Die Antwort
gibt das Pferd.**

Orakelpferd – das keltische Spiel des Schicksals

Vor mehr als 1000 Jahren lebten die Kelten in weiten Teilen Europas. Dieses Volk war berühmt für seinen Mut und seine abenteuerlichen Eroberungen. Die Kelten glaubten an verschiedene Natur- und Tiergottheiten. Ganz besonders verehrten sie die Pferde: Sie sahen in ihnen ein Symbol für Kraft, Schönheit und Fruchtbarkeit.

Auf der Insel Rügen verehrte man einen Schimmel, der frei auf einem riesigen Tempelgelände lebte. In der Mitte des Tempels thronte die überlebensgroße Statue des Gottes Swantewit, des Kräftigen. Aus seinem Körper ragten vier Köpfe. Zwei davon blickten nach vorn, die anderen nach hinten. Zu diesem Gott, der zuständig war für Fruchtbarkeit, Wachsen und Werden, pilgerten die Menschen von nah und fern und brachten ihm ihre Opfer dar. Bewacht wurde der Tempel von rund 300 berittenen Kriegern, denn kein Mensch durfte in die unmittelbare Nähe der Gottheit. Dies war nur einem vorbehalten – dem heiligen Schimmel. Wenn er durch den Tempel trabte, wehte seine lange Mähne. Es war ein imponierender Anblick. Wer es wagte, ihm aus Mähne oder Schweif ein Haar zu zupfen, galt als Verbrecher. Denn der Schimmel war ein Orakelpferd. Die Kelten stellten ihm Fragen, auf die sie selbst keine Antwort wussten. Dies war besonders wichtig, wenn ihnen ein Kampf bevorstand. »Ist unser Heer groß genug?« »Sollen wir von Westen her angreifen?« »Steht der Wind für uns günstig?« So oder ähnlich könnten die Fragen damals gelautet haben. Die Antwort lag im Pferdefuß: Hob der heilige Schimmel zuerst den rechten Huf, um über die vor ihn gelegte Stange zu gehen, war dies ein gutes Zeichen. Bevorzugte er jedoch den linken Huf, war dies ein schlechtes

Omen. Die Antwort des heiligen Schimmels hatte für die Kelten dieselbe Gültigkeit wie ein Gesetz. Fiel die Antwort positiv aus, gab es allen Grund zu feiern. War sie negativ, wurden die Pläne sofort geändert.

Die Spielregeln

Auch bei uns wurden schon so manchem Pferd Fragen und Überlegungen ins Ohr geflüstert. Welche Fragen warten bei Ihnen auf eine Antwort?

Fragen und Antworten werden zu einem Spiel – dem Spiel mit dem Orakelpferd. Um es zu spielen, sollten zwei oder mehr Mitspieler beisammen sein. Außerdem braucht man dafür ein Pferd und eine Stange. Und schon kann es losgehen.

Zunächst schreibt jeder Mitspieler eine Frage auf, die er dem Orakelpferd stellen möchte. Man kann dafür ein gemeinsames Thema wählen, wie beispielsweise das nächste Turnier, die eigene Zukunft oder die einer anderen Person usw. Die Fragen müssen mit Ja oder Nein beantwortet werden können. Die Gruppe entscheidet, ob die Zettel mit Namen versehen werden oder nicht, und bestimmt, welcher Pferdefuß für Ja und welcher für Nein steht. Natürlich wird auch die Person gewählt, die Führerin des Orakelpferds sein darf. Sie begleitet nach dem Vorlesen der Frage das Pferd bis zur Stange. Welchen Huf wird das Orakelpferd nun heben? Alle sind gespannt. Es ist ein Spiel des Schicksals – spannend wie zur Zeit der Kelten.

Welchen Huf hebt das Pferd zuerst?

Kostümrennen – so schön wie Karneval zu Pferde

Reithose und Stiefel. Stiefel und Reithose. Wen packt nicht manchmal die Lust, etwas ganz anderes zum Reiten anzuziehen? Wer die Abwechslung liebt, für den ist das Kostümrennen genau das Richtige. Bei diesem Spiel gehört nicht nur das Reiten, sondern auch das Verkleiden dazu. Das Kostüm muss kein kostbares Gewand sein. Natürlich ist es schön, wenn es den Stil eines bestimmten Landes, wie beispielsweise Mexiko, oder einer bestimmten Zeit widerspiegelt. Denken Sie bei der Auswahl aber daran, dass Kostüme bei Reiterspielen meist etwas in Mitleidenschaft gezogen werden. Mit wenig Aufwand und etwas Fantasie lässt sich schnell ein Räuberkostüm zusammenstellen: ein bunter Schal von der Mutter, ein alter Pullover vom großen Bruder, eine Pudelmütze und eine karierte Hose aus dem Kleiderschrank. Vielleicht hat auch ein Verein aus der Umgebung so etwas wie eine »Requisitenkammer«, die geplündert werden darf. In ihrer Zusammenstellung sollten die Kleidungsstücke so sortiert sein, dass jeder Mitspieler gleich viel Zeit zum Anziehen beziehungsweise Ausziehen braucht, denn die Zeit spielt bei diesem Spiel eine große Rolle. Sind die Kleidungsstücke zu groß, werden Ärmel oder Hosenbeine einfach umgekrempelt. Zu klein dürfen die Kleidungsstücke allerdings nicht sein. Das Kostüm sollte so üppig sein, dass man bequem aufs Pferd klettern und losreiten kann.

Ist das Kostüm zu klein, wird das Aufsteigen schwierig.

Die Spielregeln

Für das Kostümrennen eignet sich eine Wiese, eine Halle oder ein Platz; die Bahnlänge sollte etwa 20 Meter betragen. Die Startlinie wird mit Sägemehl markiert. Am

Wendepunkt jeder Bahn wird eine Tonne aufgestellt. Dahinter liegt ein Stapel mit Kleidern zum Umziehen. Die Ersten einer Gruppe starten von der Startlinie aus. So schnell es geht, reiten sie zum Wendepunkt. Schritt, Trab oder Galopp – alles ist erlaubt. Doch aufgepasst! An der Tonne angekommen, müssen die Reiter anhalten, sich schnell aus dem Sattel schwingen, zu einem Klamottenstapel laufen und sich umziehen. Die Pferde bleiben inzwischen am Wendepunkt stehen; sie werden von je einem Helfer gehalten. Das ist auch

Weniger schnelle Reiter können beim Umziehen Zeit gewinnen.

nötig, denn die Mitspieler haben alle Hände voll zu tun. Für sie heißt es, sich so flott wie möglich umzuziehen. Nicht zu vergessen ist dabei das Motto, unter dem jeder Durchgang steht. Der kann lauten: »Nur mit Jacke und Schal dürft ihr ins Ziel!« oder »Rot und Blau sind angesagt – wählt Kleidungsstücke in einer dieser Farben!« Ist die Kostümierung komplett, geht es auf dem schnellsten Weg weiter: Also ab in den Sattel und im Galopp zum Ziel reiten!

Wer gewinnt?

Ausschlaggebend für den Sieg ist neben der richtigen Kostümierung vor allem die Zeit. Doch wer denkt, dass bei diesem Spiel nur die besten Reiter gewinnen, hat weit gefehlt. Auch wenn die Reit-Erfahrenen meist einen schnelleren Galopp reiten können – diese Zeit wird von weniger Geübten beim Verkleiden locker wieder eingeholt. So wird das Kostümrennen nicht selten zu einem Kopf-an-Kopf-Rennen. Ungewöhnliche Sieger in einem ungewöhnlichen Outfit – dies macht den besonderen Reiz dieses Spiels aus.

Schulterklopfen
gratis.

Mitmachgeschichten –
so kommen alle in Schwung

Ein Tag auf dem Reiterhof ist zu Ende. Die Pferde sind abgesattelt und versorgt. Es duftet nach dem frischen Heu, das die Pferde gerade zu fressen bekommen haben. So könnte man stundenlang sitzen bleiben. Zuhören, wie die Pferde kauen und gemütlich den Abend verbringen. Was liegt also näher, als im Stroh zu sitzen und sich Geschichten zu erzählen? Wenn es um spannende Erlebnisse mit Pferden geht, hat bestimmt jeder etwas zu erzählen. Doch bis auch der Letzte an der Reihe war, wäre die Nacht wahrscheinlich schon vorbei, und der Morgen bräche an. Wie wär's also mit einer Geschichte, bei der die ganze Gruppe mitmachen kann? Wie das funktioniert? Ganz einfach: Erzählt wird eine Geschichte, zu der alle zusammen die Geräuschkulisse bilden. Der Einsatz erfolgt auf bestimmte Stichworte, wie beispielsweise das Wort »galoppieren«. Kaum ist es ausgesprochen, machen alle mit den Füßen den Hufschlag nach. Bei »Pferd« muss man wiehern, bei »Hund« bellen, und bei »reiten« beziehungsweise »Ausritt« wird mit der Zunge geschnalzt. »Riechen« ist das Stichwort, um sich die Nase zuzuhalten. Und was macht man beim Stichwort »danke«? Natürlich – jeder klopft einem der Mitspieler freundschaftlich auf die Schulter. Es ist gar nicht so einfach, bei so vielen Geräuschen nicht durcheinander zu kommen. Die nachfolgende Erzählung über einen Ausflug mit Hindernissen ist ein Beispiel dafür, wie sich eine Mitmachgeschichte anhören kann.

Als Nadine ihr Fahrrad auf den Hof schiebt, wartet ihre Freundin Steffi schon auf sie. »Ich habe Halfter und Führstrick dabei«, ruft sie ihr zu. »Kommst du mit? Auf der Koppel stehen noch die **Pferde**.« Nadine ist mit dabei. »Wie wär's«, schlägt sie vor, »reiten wir gleich zusammen aus?« Die **Pferde** sind schnell gestriegelt und gesattelt. Und wie nicht anders erwartet, möchte auch Bonny, der **Hund**, mit. Im Schritt reiten sie an einem großen Feld vorbei, das gerade gedüngt wurde. »Das ist ja nicht zum Aushalten, wie das hier **riecht**!«, sagt Nadine. »Schnell weg hier!«, ruft Steffi ihr lachend zu. Die beiden Mädchen starten zu

einem **Galopp**. Doch bereits an der Waldlichtung müssen sie stoppen. »Steht dort ein Reh, oder ist das ein **Pferd**?« »Ein **Pferd**!«, ruft Nadine. »Es hat ein Halfter um, und der Führstrick schleift über die Erde. Komm, wir müssen es einfangen!« Vorsichtig nähern sie sich dem **Pferd**. »Ich glaube, es ist der Jährling von unserem Nachbarn!«, sagt Nadine. »Noch ein paar Schritte, und ich hab ihn am Halfter.« Doch im gleichen Moment macht der Jährling einen Satz und **galoppiert** davon. »Hinterher!«, ruft Steffi. »Aber bloß nicht jagen!« Sie reiten quer durch den Wald, der Jährling ist ihnen immer eine Nasenlänge voraus. Doch plötzlich bleibt

er wie angewurzelt stehen. Reiter kommen ihnen entgegen. Schnell springt Steffi vom **Pferd** und greift nach dem Führstrick. »**Danke**!«, ruft sie den Reitern zu. »Dadurch, dass Sie gekommen sind, ist das **Pferd** stehen geblieben. Nun können wir den kleinen Gauner unseren Nachbarn zurückbringen!«

Wiehern, mit der Zunge schnalzen, bellen – wer weiß noch genau, bei welchem Stichwort welches Geräusch angesagt ist? Es ist ein lustiges Kuddelmuddel, das alle munter macht – selbst die Pferde.

Schleifenraub – Zeitvertreib der Fürsten

Es war das Spiel der Adligen im Mittelalter. An den europäischen und vor allem an den französischen Fürstenhöfen amüsierten sich bei diesem Spiel die so genannten feinen Damen und Herren. Im wilden Tempo galoppierten sie hintereinander her, um sich einen Gegenstand abzujagen, der an der Schulter eines Reiters befestigt war.

»Jeu de barre«, »Jeu de rose« oder »Jeu de violette« – in Frankreich hatte der Schleifenraub viele Namen. Beim »Jeu de barre« (Spiel mit den Balken) versuchten die Mitspieler, eine bunte Schleife zu ergattern. Der Reiter, an dessen Schulter sie geheftet war, konnte über das ganze Spielfeld gejagt werden. Mit einer Ausnahme: Hinter den Balken, die eine Ecke des Spielfelds abtrennten, war er vor seinen Verfolgern sicher. Eine Zufluchtsstätte, die eine kleine Verschnaufpause erlaubte. Besonders spannend wurde es, wenn der Reiter sich dort wieder herausstrauen musste. Beim »Jeu de rose« gab es für den Gejagten dagegen keinen Ort, an den er flüchten konnte. Eine duftende Rose war hier die begehrte Beute.

Zuflucht bietet nur die »Rettungsinsel«.

Nicht weniger attraktiv war der Gewinn beim »Jeu de violette« – ein kleiner Veilchenstrauß.

Auch in Deutschland haben diese Spiele eine lange Tradition. Ob es schon immer eine Schleife oder früher vielleicht eher eine Schleppe oder ein Schleier war, ist bis heute nicht geklärt. Das Spiel geht auf alte Bräuche zurück: Junge Männer woll-

ten so das Herz ihrer Angebeteten gewinnen. Diesen Hintergedanken hat heute wohl keiner mehr. Wie bei allen anderen Reiterspielen geht es um Spaß und Geschicklichkeit.

Die Spielregeln

Der Schleifenraub kann im Freien oder in einer großen Halle gespielt werden. Wichtig ist, dass genügend Platz für die Ausweichmanöver des Schleifenträgers vorhanden ist. Wie beim französischen »Jeu de barre« kann man mit Stangen eine Art »Rettungsinsel« einrichten. Nun zur Schleife, denn sie ist das Wichtigste an diesem Spiel. Schnell ist sie aus bunten Stoffbändern gebunden. Die Schleife wird mit einem Band aus Krepppapier am Oberarm oder an der Schulter des Schleifenträgers befestigt.

Wer gewinnt?

Je mehr Spieler ihre Pferde auf Trab bringen,

Wer die Schleife ergattert hat, ist Sieger.

um die Schleife zu ergattern, desto schwieriger wird es für den Schleifenträger. Wenn in einer bestimmten Zeit – höchstens drei Minuten – niemand die Schleife erbeutet hat, ist der Schleifenträger der Sieger. Das kann besonders gefeiert werden, denn meist wandert die Schleife wie eine Trophäe von einem zum anderen. Wie lange wird der nächste Spieler sie behalten können? Der Schleifenraub ist ein abwechslungsreiches Spiel und immer wieder gut für neue Überraschungen.

Aussehen und Verhalten jedes Pferdes sind einzigartig.

Pferderätsel – welches Pferd ist das?

Am Koppelzaun steht ein Rappe, ein Friese. Neben ihm steht ein zweiter Friese. Mit gespitzten Ohren schauen sie herüber. Es ist fast wie bei einem Suchbild. Wo ist der Unterschied? Die Rappen sind gleich groß, haben beide einen dichten Schweif, und die Mähne fällt jeweils auf die rechte Seite. Auch wenn sie sich manchmal sehr ähnlich sehen – jedes Pferd ist anders. Jedes hat ein unverwechselbares Aussehen, einen eigenen Charakter, Stimmungen, Eigenheiten und Launen. Es ist eine Persönlichkeit.

Die Besonderheiten eines Pferdes sind spürbar beim Reiten, beim Füttern und nicht zuletzt auch bei der Pflege. Es gibt Pferde, die kitzelig sind, wenn sie am Bauch gestriegelt werden. Andere schaffen es, sich mit den Hufen die frisch eingeflochtene Mähne zu kratzen. Wer hat schon einmal beobachtet, wie ein Pferd mit der Zunge die Stalltür öffnet? Es gibt Pferde, die sich gern auf sandigem Waldboden wälzen – dabei ist es ihnen egal, ob gerade ein Reiter auf ihnen sitzt oder nicht. Einige Pferde, und besonders Hengste, können nicht an einer Pferdewiese vorbeigehen, ohne zu wiehern. In Bezug auf das Pferdeverhalten stellt sich die Frage: Was machen eigentlich die Pferde, wenn sie den ganzen Tag auf der Koppel sind?

Das Beobachten der Pferde gehört sozusagen zum ersten Teil des Spiels. Im Schatten eines Baums und mit ein paar Getränken können es sich die Teilnehmer auf der Koppel gemütlich machen. Das Verhalten der Pferde spiegelt wider, welche Tiere sich mögen. Manche stehen beieinander und beknabbern sich gegenseitig den Hals. Andere sind übermütig. Nicht zu vergessen die Fohlen, die mit erhobenem Schweif über die Koppel galoppieren und nur mit Mühe vor ihrer Mutterstute zum Stehen kommen. Es ist interessant zu sehen, welche Strukturen sich auf der Koppel gebildet haben. Wer hat das Sagen, und welches Pferd darf immer erst zum Schluss an die Wasserstelle?

Wer sein Pferd gut beobachtet, sammelt schnell Pluspunkte.

Die Spielregeln

Wenn alle Teilnehmer von der Pferdekoppel zurück sind, kann es losgehen mit dem eigentlichen Rätsel. Alle setzen sich in einer Runde zusammen. Es geht reihum. Einer beginnt und beschreibt die Verhaltensweisen eines Pferdes, ohne dabei dessen Namen zu nennen. Welches Pferd ist gemeint? Manchmal kommt die Antwort wie aus der Pistole geschossen. Es kann auch sein, dass wild hin und her gerätselt wird. Wer als Erster das richtige Pferd nennt, wird mit einem Punkt belohnt. Doch aufgepasst, ein Pferd kann auch mehrmals beschrieben werden. Das gleiche Pferd kann sich nämlich durch ganz unterschiedliche Verhaltensweisen auszeichnen.

Wer gewinnt?

Sieger ist, wer am Schluss die meisten Punkte gesammelt hat.

Der Ritt führt zur Lösung des Rätsels.

Reiterrallye – auf den Spuren eines amerikanischen Märchens

Die Suche führt hinaus auf einen Ritt durch Wiesen, Felder und Wald. Gesucht wird die Lösung des Märchens von dem Weißen Pferdemädchen und dem Blauen Windjungen. Bevor die Teilnehmer zum Ausritt starten, hier die Geschichte:

Das Weiße Pferdemädchen wuchs weit im Westen des Steckrübenlandes auf. Sie liebte es, auf Pferden zu reiten. Am liebsten saß sie rittlings auf einem Schimmel, der am lockeren Zügel über die Hügel und entlang der Flüsse des westlichen Rübenlandes trabte. Sie ritt ein Pferd, weiß wie Schnee, ein anderes, weiß wie frisch gewaschene Schafswolle, und ein weiteres, weiß wie Silber. Sie konnte nicht sagen, welches der drei Pferde sie am liebsten hatte, weil sie es nicht wusste.

»Schnee ist mir zu jeder Zeit schön genug«, sagte sie, »frisch gewaschene Schafswolle oder ein Silberstreifen aus dem Neumond geschnitten, all das ist weiß genug für mich. Ich liebe die weißen Mähnen, die weißen Flanken, die weißen Nüstern, die weißen Fesseln all meiner Pferde. Ich liebe die Stirnlocken, die zwischen den Ohren aller drei herunterhängen – meine Liebsten.«

Und neben dem Weißen Pferdemädchen, im selben Prärieland mit denselben Krähen, die über den Häusern kreisten, wohnte der Blaue Windjunge. Am liebsten wanderte er in festen Schuhen über die Hügel und entlang der Flüsse im westlichen Steckrübenland und lauschte den Winden. Tagsüber gab es einen blauen Wind, der an den Sommermorgen wehte. Und es gab einen Nachtwind mit dem Blau der Sommersterne im Sommer und dem Blau der Wintersterne im Winter. Und noch einen anderen gab es, einen blauen Wind für die Zeit zwischen Nacht und Tag, einen blauen Morgendämmerungs- und Abendwind. Alle drei Winde liebte er so sehr, dass er nicht sagen konnte, welchen er am liebsten hatte.

»Der frühe Morgenwind ist stark wie die Prärie, und was immer ich ihm erzähle, ich weiß, dass er es mir glaubt und im Gedächtnis bewahrt«, sagte er, »Und der Nachtwind mit den großen, dunklen Krümmungen des Nachthimmels, der Nachtwind dringt in mich ein und weiß um alle meine Geheimnisse. Und der blaue Wind der Zeiten dazwischen, in der Abenddämmerung, wenn es weder Nacht noch Tag ist, das ist der Wind, der mir Fragen stellt und mir sagt, ich soll warten, und er wird mir bringen, was immer ich will.«

Natürlich kam es, wie es kommen musste: Das Weiße Pferdemädchen und der Blaue Windjunge trafen sich. Sie auf einem ihrer weißen Pferde und er mit seinen festen Wanderschuhen im Lehm und im Gras. Und natürlich erzählte sie ihm alles über das schneeweiße Pferd und das Pferd, so weiß wie frisch gewa-

Wegmarkierungen geben die Richtung an.

schene Schafswolle, und das Pferd, so weiß wie ein Silberstreif des Neumondes. Und er erzählte ihr alles über die blauen Winde, denen er so gern zuhörte, den Wind des Nachthimmels und den Wind der Dämmerung, den Wind, der ihm Fragen stellte und ihm zu warten gebot.

Eines Tages waren die beiden verschwunden. Das Weiße Pferdemädchen und der Blaue Windjunge waren davongeritten, und niemand wusste, wo sie waren.

Die Spielregeln

Wo könnten die beiden zu finden sein? Bevor sich alle Teilnehmer auf den Weg machen, um eine Spur zu finden, bedarf es etwas Organisation.

Es werden zwei Gruppen gebildet. Erfahrene Reiter, die mit Karte und Kompass ausgestattet sind und auch damit umgehen können, sollten in jeder Gruppe dabei sein. Die Strecke, die beide Gruppen zurücklegen, ist ungefähr gleich weit. Markierungen sowie Fragezettel wurden zuvor von zwei Personen geplant und vorbereitet (siehe Seite 62/63: Planung einer Reiterrallye). Gestartet wird in unterschiedliche Richtungen. Schon nach kurzer Zeit wird auf dem Weg eine Markierung zu sehen sein: z.B. Steine oder Zweige, die so angeordnet sind, dass sie einen Pfeil ergeben. Doch ehe die Reiter der angezeigten Richtung folgen, sollte einer kurz absteigen. In der Wegmarkierung steckt nämlich fast immer ein Zettel mit einer Frage. Es geht um das Wissen rund ums Pferd. Manchmal ist es auch eine Aufforderung, etwas aus dem Wald zu sammeln, beispielsweise Früchte oder Zapfen.

Zwei Gruppen machen sich gleichzeitig auf den Weg.

Wer gewinnt?

Richtig gelöste Aufgaben werden später mit Punkten belohnt. Jede Wegmarke bringt die Gruppe näher an das Ziel. Bald werden die Teilnehmer erfahren, wo das Weiße Pferdemädchen und der Blaue Windjunge sind. Die Nachricht ist versteckt wie ein kleiner Schatz. Wer sie zwischen Blättern und Gräsern gefunden hat, sollte sie nicht sofort lesen. Am besten ist es zu warten, bis alle beisammen sind und in einer Runde sitzen. Des Rätsels Lösung wird von einer Person vorgelesen:

Lösung

Viele Jahre vergingen. Eines Tages kam ein Grauer Mann durch das Steckrübenland geritten. Er sah aus, als käme er von weit her. Da stellten ihm die Menschen aus dem Steckrübenland die Frage, die sie jedem stellten, der aussah, als käme er von weit her: »Habt Ihr je das Weiße Pferdemädchen und den Blauen Windjungen gesehen?« »Ja«, sagte er, »ich habe sie gesehen. Es war sehr weit von hier, wo ich sie sah«, fuhr er fort, »es würde Jahre und Jahre dauern, dorthin zu reiten, wo sie sind. Sie saßen zusammen und sprachen miteinander, manchmal sangen sie, an einem Ort, wo das Land sich erhebt und sich unwirtliche Felsen auftürmen. Und sie blickten über das Wasser, blaues Wasser, so weit das Auge reichte. Und in weiter Entfernung trafen sich die blauen Wasser mit dem Himmel. ›Sieh!‹ sagte der Junge, ›dort beginnen die blauen Winde.‹ Und weit draußen auf den blauen Wassern, gerade ein wenig seitlich von den blauen Winden, konnte man weiße Mähnen, weiße Flanken, weiße Nüstern, weiße Hufe sehen. ›Sieh!‹, sagte das Mädchen, ›von dort kommen die weißen Pferde.‹ Und dann, näher dem Ufer zu, kamen Tausende pro Stunde, Millionen pro Tag, weiße Pferde, einige weiß wie Schnee, einige wie frisch gewaschene Schafswolle, einige wie Silberstreifen des Neumondes. Ich fragte sie: ›Wem gehört dieser Ort?‹ Sie antworteten: ›Er gehört uns; seinetwegen sind wir hierher aufgebrochen; von hier kommen die weißen Pferde; hier beginnen die blauen Winde.‹«

Die kleine Schatzkiste enthält die Lösung.

Wer gewinnt?

Die Ralleyteilnehmer haben mit ihren Pferden eine weite Strecke zurückgelegt, um die Lösung des Rätsels zu erfahren. Und sie haben Antworten auf allerhand Fragen gefunden. Jede richtig gelöste Aufgabe wird nun mit einem Punkt belohnt. Zwei Bonuspunkte bekommt außerdem die Gruppe, die zuerst den Schatz gefunden hat.

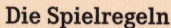

Säckchenrennen – das Spiel für Treffsichere

Nicht davor, nicht dahinter und auch nicht daneben. Das Ziel ist die Mitte. Ein Säckchen durch die Luft zu werfen und damit einen Treffer zu landen – das ist noch einfach, wenn man mit beiden Beinen auf der Erde steht. Vom Pferderücken aus sieht alles ein bisschen anders aus. Das macht nicht nur die Höhe, sondern auch die Geschwindigkeit.

Das Säckchenrennen ist ein spannendes Reiterspiel, das nicht nur Anfänger, sondern auch Fortgeschrittene begeistert. Der Grund dafür: Ohne weiteres kann der Schwierigkeitsgrad geändert werden. Während weniger geübte Reiter den Schritt als Gangart wählen, können Erfahrenere im Trab oder sogar im Galopp starten. Vor jedem Spiel sollten sich die Mitspieler für eine Gangart entscheiden.

Die Spielregeln

Es können 20 Spieler mitspielen, die in vier Gruppen eingeteilt werden. Für das Säckchenrennen ist ein Platz oder eine Halle von mindestens 30 Metern Länge nötig. Bei einer geschlossenen Bahn kann der Start fünf Meter von der Bande entfernt liegen. Für die Ziellinie muss dagegen etwas mehr Platz vorgesehen werden: Sie sollte mindestens zehn Meter von der gegenüberliegenden Bande entfernt sein. So können Reiter, die den Parcours im Galopp reiten, noch rechtzeitig stoppen. Pro Gruppe ist je eine Bahn vorgesehen. In der Mitte jeder Bahn stehen so viele

Die Pferde lernen ungewohnte Geräusche kennen.

Eimer wie Mitspieler, und zwar im Abstand von etwa fünf Metern. Die Säckchen bestehen aus einem mit Sand gefüllten Stück Stoff, das oben zugebunden wird.

Erste Spielversion

Jeder Mitspieler erhält ein Säckchen. Mit dem Startsignal reitet der Erste jeder Gruppe los und versucht, sein Säckchen in den ersten Eimer zu werfen. Sobald Pferd und Reiter das Bahnende erreicht haben, darf der Zweite losreiten. Er muss den zweiten Eimer treffen. Nach diesem System geht es weiter, bis alle die Ziellinie passiert haben.

Beim Fallenlassen ist der richtige Moment gefragt.

Zweite Spielversion

Jeder Mitspieler erhält drei Säckchen, die er in irgendeinen Eimer werfen muss, allerdings jedes Säckchen in einen anderen.

Wer gewinnt?

Gewonnen hat die Gruppe mit den meisten Treffern. Bei gleicher Trefferzahl entscheidet die Zeit über den Sieg.

Erforderliche Fähigkeiten

Gefragt sind Geschicklichkeit beim Reiten und Wurfgenauigkeit. Die Pferde müssen ruhig und gelassen bleiben, wenn sie nahe an Eimern vorbeigehen, ein Säckchen versehentlich zwischen ihren Beinen oder mit einem lauten Plopp im Eimer landet. Pferde, die leicht scheuen, sind für dieses Spiel nicht geeignet.

Pferdegeschichten – gespielt als Theaterstück

Pferdegeschichten faszinieren. Sie ziehen jeden Zuhörer in ihren Bann. Mehr noch: Sie beflügeln auf wunderbare Weise die Fantasie. Kein Wunder, dass sie Lust machen, das Erzählte selbst zu erleben. Warum eigentlich nicht? Als Theaterstück werden Pferdegeschichten ein Stück Realität. Denn beim Spielen darf in sämtliche Rollen geschlüpft werden: in die der spanischen Reiterin, der Zauberin oder des südamerikanischen Gauchos.

Ein Geschenk des Himmels

Müde und erschöpft setzt sich der Mann unter den Schatten spendenden Baum. Wie viele Kilometer war er mit seinem kleinen, zotteligen Pferd durch die Sonne gelaufen! Da es weder ausgesprochen kräftig noch gesund ist, blieb ihm nichts

Eins, zwei – drei Wünsche hat er frei.

42

anderes übrig, als die gesamte Weg-
strecke neben ihm herzugehen. Lediglich das Gepäckbündel konnte er
seinem Pferd auf den Rücken legen.
Als er ihm dieses abnimmt, um da-
raus Brot und Käse für eine Mahlzeit
zu holen, schaut er erstaunt auf: Vor
ihm steht eine Frau mit spitzem Hut
und langem Schleier. »Du bist es!«,
sagt die Fee in diesem Moment und
schaut ihn an. »Du hast drei Wünsche frei.« Ihr Zauberstab funkelt im

Licht. Der Mann bleibt wie elektrisiert stehen. »Was war das?«, fragt er sich.
Dann schaut er sich um. »Und wo ist die Fee?« Als er zu seinem struppigen Pferd
schaut, weiß er, dass nicht alles nur ein Traum war. Es hat aufgeregt die Nüstern
gebläht und schnaubt. »Was soll ich mir wünschen?«, rätselt der Mann. »Ein
neues Pferd? Etwa ein schickes Reitpferd mit aufwendig gearbeitetem Sattel
und Trense? Oder für dich: gesunde Hufe, mit denen du galoppieren kannst,
eine lange Mähne, die im Wind weht, und einen kräftigen Rücken, auf dem du
mich tragen kannst?«

Für den Rollen-
tausch reicht
manchmal schon
ein Schnurrbart.

Wie entscheidet sich der alte Mann? Die Mitspieler erzählen und spielen die Geschichte nach ihrer eigenen Fantasie zu Ende.

Wer ist die Schönste im ganzen Land?

In einer Sache sind sich die beiden Damen einig: Wenn sie ausreiten , muss alles
tipptopp sein. Nicht nur, dass die Pferde gestriegelt und geputzt sind. Auch das
Sattelleder sowie die Trense sind gefettet und poliert.

Das Wichtigste von allem ist jedoch, dass sie selbst fein herausgeputzt sind: Elfi und Tatjana stecken sich dafür die Haare kunstvoll hoch, malen sich die Lippen rot an und drapieren eine Federboa oder einen Seidenschal um den Hals. So auffällig geschmückt reiten sie los – und sie haben einen Blick für jeden Reiter, der ihnen auf dem Weg entgegenkommt. Doch was ist das? Während sie mit einem netten jungen Mann flirten, scheint dieser seine Augen ganz woanders zu haben. »Unglaublich!«, sagt er zu ihnen. »Sie ist einfach wunderschön – ihre Stute!«

Ein unerwartetes Wiedersehen

Es ist wie jeden Morgen. Die junge Königin schaut noch einmal prüfend in den Spiegel, setzt ihre Krone auf und wirft sich den seidenen Umhang über die Schulter. Mit stolzem, ruhigem Schritt tritt sie durch das Portal. Ihr schwarzer Hengst ist bereits gesattelt, unruhig tänzelt er hin und her. Sie steigt in den Sattel und reitet eine Runde durch die Stadt. Die Menschen bleiben beeindruckt stehen und schauen zu ihr auf. Grüßend hebt sie die Hand.

Plötzlich ertönt ein helles Wiehern. Ein Pony mit wuscheliger Mähne ist so unruhig, dass es von seinem Besitzer nur mit Mühe gehalten werden kann. Im ersten Moment erkennt die

Ausritt der besonderen Art.

junge Königin es nicht. Doch dann bleibt ihr vor Aufregung fast das Herz stehen. »Nein, das kann nicht sein!«, ruft sie und springt vom Pferd. Sie traut ihren Augen kaum: die Mähne, die weichen Nüstern, die Augen – alles scheint sie an Ronja zu erinnern, das Pony, auf dem sie reiten gelernt hat. Sanft spürt sie das Pferdemaul an ihren Händen. »Verzeihen Sie, Majestät! Mein Pony scheint Sie zu kennen!«, sagt in diesem Moment der Besitzer. »Ja!«, sagt die junge Königin und lächelt. »Auf dem Rücken Ihres Ponys habe ich gelernt, wie schön das Reiten ist. Doch dann war es anscheinend

Ist es das- selbe Pferd?

nicht mehr gut genug für mich. Es wurde verkauft, ohne dass ich etwas davon wusste. Darf ich es von Ihnen zurückkaufen?« »Ich weiß nicht!«, entgegnet der Mann. »Mein Pony leistet mir gute Arbeit und ist nicht durch jedes andere zu ersetzen!« Die junge Königin überlegt lange. Dann holt sie tief Luft und fragt: »Möchten Sie zum Tausch meinen Hengst?«

Die Spielregeln

Vielleicht gibt es eine Rolle, die besonders gut zu einem passt. Fast so, als wäre sie einem auf den Leib geschrieben. Jede Geschichte darf nach den eigenen Vorstellungen weitergespielt und auch variiert werden.

Basteln für den Reiterhof

Wer seine freie Zeit auf dem Reiterhof verbringt, stellt sicherlich auch fest, an welchen Dingen es dort mangelt: Namensschilder, Putzbeutel, Messleisten für das Stockmaß und vieles andere fehlt. Meist sind es einfache Dinge – doch sie können den Alltag mit Pferden erleichtern und bereichern. Es macht doch viel mehr Spaß, die Pferde von der Weide in den Stall zu bringen, wenn jede Stalltür mit einem Namen versehen ist. Kein lästiges Fragen und Suchen – jedes Pferd landet in der richtigen Box. Auch Striegel und Kardätschen kommen mit ein bisschen System nicht mehr durcheinander, denn selbst gemachte Putzbeutel bringen Ordnung in die Pferdepflege. Dabei sind sie nicht nur praktisch, sondern auch preiswert.

Zu den praktischen Dingen, die der ganze Reiterhof benutzen kann, gehören beispielsweise die Messleisten für das Stockmaß. Die Größe eines Pferdes muss dann niemand mehr schätzen.

Auch eine Fahne kann von der Hofgemeinschaft gemeinsam entworfen und gestaltet werden. Sie wird zum Symbol für den Reiterhof.

Messleisten für das Stockmaß – Pferdegröße leicht gemacht

Jetzt muss keiner mehr raten. Ob das Pferd 158, 159 oder vielleicht 160 Zentimeter misst, ist mit zwei Messleisten ganz leicht herauszufinden. Besonders interessant ist es dann, wenn sich ein Pferd noch im Wachstum befindet: Wie schnell wächst es? Und wann hat es seine endgültige Größe erreicht?

Das Stockmaß des Pferdes kann mit zwei Messleisten ermittelt werden: Eine steht senkrecht auf dem Boden, die andere liegt im rechten Winkel dazu auf dem Widerrist des Pferdes. Anhand der Zentimeterangaben ist die Größe einfach abzulesen. Beim Messen

Material und Handwerkszeug

- 1 Holzleiste (200 × 3 × 2 cm)
- 1 Holzleiste (150 × 2 × 1 cm)
- Maßband
- Holzsäge
- 2 Plastikwasserwaagen
- Sekundenkleber
- Doppelklebeband
- Acryllack und Pinsel

sollten die Hufe frisch ausgeschnitten sein; mit dem Nachwachsen des Horns wird ein Pferd nämlich etwas größer.

Stimmt der Winkel? Die Wasserwaagen geben Aufschluss.

Anleitung

Zuerst wird die lange Holzleiste bearbeitet; sie steht später beim Messen senkrecht auf dem Boden.

Alle zehn Zentimeter eine schmale Kerbe längs in das Holz sägen. Die Kerbe muss nur wenige Millimeter tief sein. Eine Kerbe wird zusätzlich in das obere Drittel der Leiste gesägt. In dieser Kerbe wird die Wasserwaage befestigt. Die Kerbe muss deshalb breit und tief genug sein. Die Wasserwaage zeigt an, ob die Leiste auch wirklich senkrecht steht.

Nun ist die kürzere Holzleiste dran: Etwa in die Mitte der zwei Zentimeter breiten Seite eine breite Kerbe sägen, in welche die zweite Wasserwaage passt. Beim Messen zeigt sie an, ob die Leiste waagerecht auf dem Widerrist des Pferdes liegt.

Die Holzleisten mit buntem Acryllack anmalen und den Lack trocknen lassen. Nach dem Trocknen die Wasserwaagen mit Sekundenkleber in die vorgesehenen Kerben kleben.

Das Maßband in zehn Zentimeter lange Stücke schneiden. Diese Stücke mit Doppelklebeband auf der längeren Messleiste befestigen – immer genau zwischen den Kerben. Fertig.

So benutzt man die Messleisten

Wenn ein Pferd die Messleisten noch nicht kennt, sollte es zuerst die Gelegenheit bekommen, daran zu schnuppern. Dann legen Sie probeweise eine Leiste auf den Pferderücken auf. So kann sich das Pferd langsam daran gewöhnen.

Es ist am einfachsten, wenn beim Messen zwei Personen helfen. Eine Person, hält das Pferd am Führstrick fest, die zweite legt die kurze Leiste waagerecht auf den Widerrist. Die kurze Leiste kreuzt sich mit der Messleiste, die senkrecht neben dem Pferd gehalten wird. Ob die Messleisten genau im rechten Winkel stehen, geben die Wasserwaagen an. Ist das der Fall, kann an der Zentimetereinteilung das richtige Stockmaß abgelesen werden.

Namensschilder für die Pferdebox

Wer kennt das nicht? Wenn die Pferde von der Koppel geholt werden, stellt man sich immer wieder die Frage: Kommt das Pferd nun in die erste Box links oder rechts? Mit einem Namensschild an jeder Box wäre das Problem gelöst. Namensschilder können entweder aus Holz oder Salzteig gemacht werden.

Namensschild aus Salzteig

Salzteig schmeckt nicht gut, und er ist auch nicht zum Essen gedacht. Dafür eignet er sich wunderbar zum Modellieren. Durch den hohen Salzgehalt bleiben die Werkstücke auch lange haltbar.

! Material und Handwerkszeug

Für den Salzteig
- 2 Tassen Mehl, Type 405
- 1 Tasse Wasser
- 1 Tasse Salz
- 1 Teelöffel Speiseöl
- 1 Esslöffel Metylan (Spezial-Tapetenkleister)
- eventuell Lebensmittelfarbe

Außerdem
- Transparentpapier
- weicher Bleistift
- Schere
- Messer
- Wellholz
- Stricknadel
- Pinsel
- Backpapier
- Klarlack

Ein Küchenmesser eignet sich zum Ausschneiden.

Anleitung

Zuerst die trockenen Zutaten, also Mehl, Salz und Tapetenkleister, in einer Schüssel vermischen. Nach und nach das Wasser und das Öl dazugeben, und alles kräftig durchkneten. Wenn der Teig zu trocken ist, sollte noch etwas Wasser dazugegeben werden. Ist er zu klebrig, fehlt ein bisschen Mehl. Der Teig sollte geschmeidig, griffig und gut formbar sein. Von dem Namensschild einen farbigen Entwurf machen. Den Teig entsprechend portionieren und mit Lebensmittelfarbe einfärben. Sehr schöne Brauntöne erhält man, wenn man Kakao, Zimt oder Instantkaffee unter den Teig knetet. Diese Zutaten zuerst in etwas Wasser auflösen, bevor man sie unter den Teig arbeitet.

Eine Arbeitsfläche mit Backpapier auslegen und den Teig mit einem Wellholz darauf ausrollen. Die gewünschte Grundform für das Namensschild mit einem Messer ausschneiden, dafür eventuell aus Papier oder Pappe eine Schablone anfertigen.

Damit man das Schild aufhängen kann, oben mit einem Strohhalm oder einer Stricknadel entsprechend große Löcher hineinstechen. Nun zum Namen. Die Buchstaben können entweder aus Teigröllchen geformt oder mit dem Messer aus dem Teig herausgeschnitten werden. Dafür benötigt man eine Vorlage, z.B. Buchstaben aus der Zeitung. Diese werden ausgeschnitten und auf den ausgerollten Teig gelegt. Mit einem spitzen Messer fährt man an den Kanten entlang. Die Buchstaben auf der Rückseite mit etwas Wasser bepinseln und auf der Trägerplatte »festkleben«.

Das Pferdemotiv auf dieselbe Weise ausschneiden und »festkleben«. Entweder wird das Pferd frei aus der Hand gemalt, oder man paust es aus einem Buch ab. Die Zeichnung ausschneiden und als Schablone benutzen. Das Salzteig-Namensschild etwa eine Stunde an der Luft trocknen lassen. Dann den Backofen auf 50–60 °C vorheizen. Ein Backblech mit Backpapier auslegen und das Namensschild darauf legen. Das Backblech auf der unteren Schiene in den Backofen schieben. Alle 30 Minuten die Temperatur um 25 °C erhöhen, damit der Teig keine Risse bekommt. Die Temperatur darf jedoch 150 °C nicht übersteigen. Die Trockenzeit richtet sich nach der Dicke des Namensschildes. Ein knapp 1 cm

dickes Namensschild braucht etwa drei Stunden. Das ausgehärtete Schild aus dem Backofen nehmen und abkühlen lassen. Dann mehrmals und von allen Seiten mit mattem Klarlack bepinseln. Denn so bleibt das Salzteig-Schild lange haltbar.

Motivauswahl und Gestaltung · ganz nach eigenem Gefallen.

! **Material und Handwerkszeu**

- Holz
- Schraubzwinge
- Transparentpapier
- weicher Bleistift
- Laubsäge mit Sägeblättern
- Bohrer
- Schmirgelpapier
  (Körnung 80 und 120)
- Acryllack
- Pinsel
- Holzkleber

Namensschild aus Holz

Holz ist ebenfalls ein Material, das sich prima für Namensschilder eignet. Im Baumarkt bekommt man 5 mm starkes, wasserfest verleimtes Sperrholz oder Massivholz aus Fichte. Die Größe richtet sich nach der Länge des Namens, eine Richtgröße ist 17 × 25 cm.

Anleitung

Die Grundplatte kann, wie beim Namensschild aus Salzteig, eckig, oval oder rund sein. Weitere Gestaltungsmöglichkeiten ergeben sich aus dem Pferdemotiv und dem Schrifttyp. Wie auch beim Salzteig eine Schablone herstellen. Die Konturen des gewählten Pferdemotivs sollten nicht zu kompliziert sein.
Alle Vorlagen auf Transparentpapier kopieren, ausschneiden und auf das Holz legen. Mit einem weichen Bleistift die Umrisse nachziehen.

Nun beginnt die Sägearbeit. Dafür die Holzplatte mit einer Schraubzwinge an einem stabilen Tisch fest-klemmen. Die Laubsäge im rechten Winkel zum Holz gleichmäßig auf- und abbewegen. Um das Innere der Buchstaben »A«, »B«, »D«, »O« usw. auszusägen, bohrt man mit einem Bohrer ein Loch in die Mitte. Das Säge-blatt wird an einer Seite gelöst und durch das Loch geführt. Nachdem es wieder eingespannt ist, kann der innere Teil der Buchstaben herausgesägt werden.

Die Oberflächen der Werkstücke mit feinem Schleif-papier (120er Körnung) schmirgeln, die Sägeflächen mit 80er Schleifpapier.

Nachdem sie gründlich entstaubt sind, können die Holzteile mit buntem Acryllack bemalt werden. Be-sonders lustig wird das Namensschild, wenn jedes ausgesägte Teil eine andere Farbe erhält. Die Teile gut trocknen lassen. Sobald der Lack trocken ist, die Buchstaben und das Pferdemotiv auf der Grundplatte mit Holzkleber fixieren. Abschließend vier Löcher für

die Schrauben in das Namens-schild bohren.

Egal, ob aus Holz oder Salzteig – das Namensschild befestigt man am besten so an der Box, dass es zwar von jedem gut gesehen wird, das Pferd aber nicht daran knabbern kann.

Gleichmäßig auf und ab – so bear-beitet man mit der Laubsäge auch die Rundungen.

Bemalte Putztaschen – schönste Ordnung fürs Pferd

Wer kennt das nicht: Man will das Pferd putzen und dafür rasch Striegel und Kardätsche holen. Doch stattdessen finden sich in dem entsprechenden Beutel nur drei Hufkratzer und ein Mähnenkamm. Das ist zwar nicht schlecht – aber nicht das, was man braucht. Damit künftig jeder weiß, welche Bürste zu welchem Pferd gehört, gibt es eine prima Lösung: Man bemalt die Putzbeutel mit Namen und dekorativen Pferdemotiven. So sieht jeder Putzbeutel anders aus – und die Bürsten gehen nicht mehr auf Wanderschaft.

Geübte malen frei aus der Hand.

Anleitung

Bereits fertig genähte Baumwollbeutel erhält man in jedem Supermarkt. Da sie meist imprägniert sind, sollten sie zuerst gewaschen und gebügelt werden. In die Tasche wird ein Pappkarton gesteckt und mit Stecknadeln daran festgeheftet. So kann der Stoff beim Malen nicht verrutschen.

Eine Vorlage frei aus der Hand zeichnen oder ein Motiv aus einem Buch oder einer Zeitschrift abpausen. Auch ein Foto von dem Pferd, für das der Putzbeutel gebastelt wird,

Material und Handwerkszeug

Viel braucht man nicht, um eine farbenfrohe Putztasche zu basteln:
- 1 Stoffbeutel
- weicher Bleistift
- Stoffmalstifte in verschiedenen Farben
- Transparentpapier
- Durchschlagpapier
- Schere
- Pappkarton
- Stecknadeln

eignet sich prima. Am Fotokopierer kann es auf das gewünschte Maß vergrößert oder verkleinert werden.

Das Transparentpapier über die Vorlage legen. Mit einem weichen Bleistift die Konturen und Linien nachziehen. Diese Vorlage wird zum Durchzeichnen benutzt. Besonders einfach funktioniert es mit Durchschlagpapier. Das Durchschlagpapier mit der hellen Seite nach oben zwischen Stoff und Transparentpapier legen. Mit einem Stift die Linien nachziehen. So werden die Linien auf den Stoff übertragen. Sie verschwinden mit dem ersten Waschen.

Jetzt kann Farbe ins Spiel kommen. Stoffmalstifte sind äußerst einfach zu handhaben, denn die Farbe kann nicht verlaufen. Deshalb eignen sich die Stifte hervorragend zum Konturieren klarer Linien. Das Bild nach Belieben bunt anmalen.

Das fertige Bild fünf Minuten bügeln, damit die Farben fixiert werden (eine genaue Anleitung finden Sie auch bei den Farben). So entsteht nicht nur ein waschechtes Stoffbild – die Farben sind auch wetterbeständig. Selbst wenn der Putzbeutel mal bei Wind und Regen draußen liegen bleibt, sieht er immer noch genauso schön aus wie vorher.

Putztaschen sind eine praktische Hilfe bei der Pferdepflege.

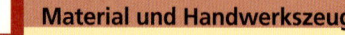

Fahnen für den Reiterhof

Ist es nicht ein tolles Gefühl, wenn man schon von weitem sieht, wo der Reiterhof ist? Wenn eine bunte Fahne im Wind weht? Mit jedem Schritt ist sie deutlicher zu erkennen. Das Zeichen auf dieser Fahne wird zum Symbol für den Reiterhof.

Material und Handwerkszeug

- 1 Bettlaken, gewaschen und gebügelt, oder ein anderes großes Stück Stoff
- Kohlestift oder anderer Konturenstift
- evtl. Bügelmusterstift
- Plastikplane
- Stoffmalfarben
- Pinsel
- Stoffmalstife
- Ösen

Wo kann man sie am besten erkennen, und wo sieht sie am schönsten aus? An einer Stange oben auf dem Dach, über dem Tor oder an einem Baum? Wenn die Hofgemeinschaft entschieden hat, wo die Fahne hängen soll, ist auch schnell klar, welches Format vorteilhaft ist. Ob Hoch- oder Querformat, sollte nämlich vor der Motivauswahl klar sein. Je nach Reitweise und Geschmack ergeben sich unterschiedliche Motive: ein springendes Pferd, töltende Isländer, ein Westernhut oder ein Pferd beim Sliding Stop. Auch Fantasiemotive sind sehr attraktiv, wie beispielsweise Pferde in bunten Farben oder ein Einhorn.

Auf einem großen Tuch ist viel Platz für schöne Motive.

Anleitung

Das Motiv am besten direkt mit einem Kohlestift auf den Stoff malen. Das kann man frei aus der Hand machen, oder man hängt den Stoff glatt an die Wand und projiziert ein Dia darauf. Jetzt kann man die Umrisse nachzeichnen.

Ist die Vorlage ein Foto, kann man es vergrößern und die Linien mit einem weichen Bleistift auf Transparentpapier kopieren. Die Linien auf der Rückseite mit einem Bügelmusterstift nachziehen. Diese Seite auf den Stoff legen und über das Papier bügeln – so werden die Linien übertragen. Sie sind allerdings nicht auswaschbar und deshalb ein Teil der Gestaltung.

Das Bettlaken auf einer Plastikplane ausbreiten und fixieren. Die Stoffmalfarben können mit etwas Wasser verdünnt werden. Auf einem kleinen Stück Stoff das beste Mischungsverhältnis testen. Die Farbe mit dem Pinsel auftragen, dabei von oben nach unten arbeiten.

An den Übergängen müssen die Farben gut trocken sein, damit sie nicht ineinander laufen. Mit einem heißen Föhn kann man nachhelfen. Farbverläufe erzielt man, wenn man die Farben miteinander vermischt, solange sie noch feucht sind. Dabei muss zügig gearbeitet werden, damit die Übergänge fließend sind. Für Nüstern oder Augen eignen sich Stoffmalstifte sehr gut. Das fertige Bild durch Bügeln fixieren. Ösen zur Befestigung anbringen.

Eine Fahne: Willkommensgruß für die Reiter des Hofes.

Halfter – passend für jedes Pferd

Shetland- und Welshponys rauf auf den Paddock, Araber und Warmblüter runter vom Paddock. Manchmal ist auf dem Reiterhof sozusagen fliegender Wechsel angesagt. Wer kann da auf die Schnelle auch noch die richtigen Stallhalfter und Führstricke suchen? Weitaus praktischer ist es, wenn Halfter und Führstrick bereits kombiniert sind – und jedem Pferd passen.

Um solch ein Halfter selbst anzufertigen, braucht man nicht viel.

Material und Handwerkszeug

- 1 Metallring (5 cm ø)
- 1 Seil von 3,5–4 m Länge

Das Seil sollte weich und geschmeidig sein. Optimal zum Verarbeiten ist ein Seil, das aus vier Strängen besteht. Erhältlich ist es in Marine- oder Bootsgeschäften. Ersatzweise kann man auch ein Seil aus drei Strängen nehmen, das man in jedem Baumarkt bekommt.

Anleitung

Ein Seilende etwa 45 cm weit durch den Metallring führen. An dieser Stelle das Seil entgegen seiner natürlichen Windung auseinander drehen. Die Stränge liegen dadurch ein Stück frei. Nun das kurze Ende des Seils zwischen den Strängen hindurchschieben. Dazwischen liegt der Metallring, der auf diese Weise von dem Seil umschlossen wird.

Beim nächsten Schritt entsteht der Teil des Halfters, der auf dem Nasenrücken des Pferdes liegt. Hierfür wird das Seil mit der so genannten Spleißtechnik bearbeitet.

Das kürzere Seilende um das längere herumlegen und die Enden etwa 15 cm lang ausfransen. Die Seilenden mit einem Bändchen provisorisch sichern, damit sie nicht weiter aufriffeln. Jetzt die offenen Stränge mit dem festen Teil folgendermaßen fixieren: Das Seil ein Stück auseinander drehen. Dann den ersten

offenen Strang unter einen der Stränge des festen Seilstücks stecken. Anschließend wird der zweite offene Strang in gleicher Richtung in den nächsten freien Spalt geschoben. Auf gleiche Weise werden auch die anderen beiden Stränge eingearbeitet. Sie müssen gut festgezogen werden. Nun kann das Sicherheitsbändchen entfernt werden. Wenn die Steckarbeit noch etwa zweimal in dieselbe Richtung wiederholt worden ist, sind die Stränge gut miteinander verbunden, und die Enden der Stränge können abgeschnitten werden. Die Enden mit Textilkleber oder transparentem Nagellack bestreichen, das schützt sie vor dem Aufriffeln. Das lange Ende des Seils durch den Metallring führen.

Je nach Größe des Pferdekopfs kann sie größer oder kleiner gestellt werden. Abschließend braucht man nur noch das lange Seilende zu sichern: Es wird mit Garn umwickelt und mit etwas klarem Lack fixiert. Das Halfter ist fertig – auf zur Anprobe!

So sieht das fertige Halfter aus.

Das Halfter anprobieren

Um dem Pferd das neue Halfter anzulegen, stellt man sich wie gewohnt links neben das Pferd. 1. Das runde Teilstück wird so über die Pferdenase gezogen, dass sich links der eingearbeitete Metallring befindet. 2. Nun wird das Seil über den Kopf geführt und 3. durch den Metallring gefädelt bis es am Pferdekopf anliegt. Das Endstück des Seils ist gleichzeitig der Führstrick. Praktisch und flexibel gearbeitet, passt das Halfter nicht nur jedem Pferd – es kann auch mit wenigen Handgriffen an- und ausgezogen werden.

Auf einen Blick

Sicherheitsregeln zum Schluss

Egal, ob beim Becherrennen, während des Schleifenraubs oder beim Anlegen der Messleisten für das Stockmaß – für alle Reiterspiele und Basteltipps, bei denen man mit dem Pferd in Berührung kommt, gilt gleichermaßen:

Nicht vergessen, dass das Pferd ein Tier ist und sich unter Umständen sehr erschrecken kann. Das soll nicht heißen, dass man alles Ungewöhnliche von ihm fern halten muss. Doch sollte man damit rechnen, dass Pferde mal einen Satz oder auch zwei zur Seite machen. Zur eigenen Sicherheit ist deshalb Reiten mit Kappe angesagt, und die Schuhe sollten natürlich die Knöchel bedecken.

Vor dem Spielbeginn ist es außerdem ratsam, den Untergrund und die Beschaffenheit des Geländes zu testen: Ist der Boden rutschig, oder gibt es Fuchslöcher? Auch tief hängende Zweige können Verletzungen verursachen. Wer mit Ruhe an die Sache herangeht, tut seinem Pferd und sich selbst einen Gefallen. Denn nur dann werden Reiterspiele zu einer gelungenen Abwechslung zum sonstigen Reitunterricht. Das reiterliche Können kommt dennoch nicht zu kurz. Die meisten Ausbilder sind sichtlich beeindruckt, wie viel lockerer und entspannter viele Reiter auf dem Pferderücken sitzen, wenn sie an einem Spiel teilnehmen.

Planung einer Reiterrallye

Soll eine Reiterrallye Spaß machen, muss sie gut vorbereitet sein.
Am besten übernehmen dies ein bis zwei Personen.

I. Zuerst müssen Sie:

● Für jede Gruppe eine Route abstecken.

● Eventuell Landwirte oder Jäger um die Reit-Erlaubnis bitten.

● Wegmarkierungen erfinden und Material (Steine, Äste etc.) dafür sammeln.

● Kurz vor Beginn der Rallye die Wegmarkierungen platzieren.

● Karte, Kompass, Stift, Papier und Beutel für die Teilnehmer bereitstellen.

II. Sie müssen Fragen zu verschiedenen Themen rund ums Pferd vorbereiten. Sie können aus dem Fragenkatalog für ein Reiterabzeichen stammen oder beispielsweise so lauten:

1. Welche Pferde haben einen Aalstrich?

a) Dülmener Wildpferde

b) Haflinger

c) Islandpferde

(Lösung: a, b und c)

2. Was ist eine Laterne?

a) Eine Pferdekrankheit

b) Ein Abzeichen am Pferdekopf

c) Ein Hindernistyp

(Lösung: b)

3. Was sind Anzeichen für eine Kolik?

a) Schwitzen

b) Häufiges Umschauen nach dem Bauch

c) Fressunlust

(Lösung: a, b und c)

4. Welches Pferd gilt als Indianerpferd?

a) Appaloosa

b) Brumby

c) Quarterhorse

(Lösung: a)

5. Welche Zäumung ist ohne Mundstück?

a) Sidepull

b) Bosal

c) Mexikanisches Reithalfter

(Lösung: a und b)

6. Ist es erlaubt, auf dem Bürgersteig zu reiten?

a) Ja, außerhalb von geschlossenen Ortschaften

b) Ja, wenn der Weg frei ist

c) Nein

(Lösung: c)

7. Welche Pflanzen sind für Pferde giftig?

a) Goldregen

b) Birke

c) Tollkirsche

(Lösung: a und c)

8. Wann ist ein Hufschuh vorteilhaft?

a) Bei Regen

b) Bei Schnee

c) Bei lang andauernder Trockenheit

(Lösung: b)

9. Wie lange ist ein Stute trächtig?

a) 290 Tage

b) 320 Tage

c) 340 Tage

(Lösung: c)

Impressum

Die Deutsche Bibliothek –
CIP-Einheitsaufnahme

Ein Titeldatensatz für diese Publikation ist bei Der Deutschen Bibliothek erhältlich

Bildnachweis

Alle Fotos im Innenteil: Fotografie Schulzki
Umschlagfotos: Titelfotos: Lothar Lenz, rechts oben
Fotografie Schulzki, alle übrigen
Rückseite: Fotografie Schulzki

Autorin und Fotograf danken dem Gut Mausauel, dem Seehof Reuter, dem Reiterhof
Bendix sowie allen Mädchen, die bei der Realisierung geholfen haben.

Umschlaggestaltung: Studio Schübel, München
Layout: Parzhuber & Partner, München
Redaktion: Renate Hausdorf
Satz und Herstellung: Renate Hausdorf
Lektorat: Claudia Daiber

BLV Verlagsgesellschaft mbH München Wien Zürich
80797 München

© 2001 BLV Verlagsgesellschaft mbH, München

Druck: Appl, Wemding
Bindung: Auer, Donauwörth

Printed in Germany · ISBN 3-405-16086-3